Dieter Bartel

Das Juxbuch für stolze Opel-Fahrer

Illustriert von Oscar M. Barrientos

Eichborn Verlag

Die Deutsche Bibliothek – CIP-Einheitsaufnahme

Bartel, Dieter:
Das Jux-Buch für stolze Opel-Fahrer / Dieter Bartel. – Frankfurt am Main: Eichborn, 1992
ISBN 3-8218-2290-2

Umschlaggestaltung: Uwe Gruhle unter Verwendung einer Illustration von Oscar M. Barrientos.
Druck: Fuldaer Verlagsanstalt GmbH.

ISBN 3-8218-2290-2

Verlagsverzeichnis schickt gern:
Eichborn Verlag, Hanauer Landstraße 175, 6000 Frankfurt 1

Die schönsten Autos

Natürlich ist das schönste Auto immer ein Opel. Wobei es allerdings zwei Varianten zu unterscheiden gilt:

1. Das schönste Auto, das je gebaut wurde.
2. Das schönste Auto, das nie hätte gebaut werden sollen.

Unterschied: Im ersten Fall war man noch nicht das, was man im zweiten Fall schon längst nicht mehr sein wollte: Opel-Besitzer. Zuerst war da die Illusion, das Auto würde gelegentlich funktionieren, inzwischen ist man geheilt, nicht aber der Opel.

Die ungeheure Popularität des Opel-Fahrers

Jeder will mitfahren. Dabei stört das den puren Hochgenuß des Opel-Fahrers am Opel-Fahren und am Opel. Es gibt auch erträgliche Mitfahrer, aber meist treffen wir doch auf:

Beifahrer, die wir besonders hassen

- Beifahrer, die bei jeder kleinsten Bremsung von innen durch die Windschutzscheibe fliegen.
- Beifahrer, die uns ins Lenkrad greifen.
- Beifahrer, die kein Verständnis für das ganz menschliche Zärtlichkeitsbedürfnis aufbringen.

- Beifahrer, denen wir einen Gefallen schulden.
- Beifahrer, denen wir einen Hunderter schulden.
- Beifahrer, die uns falsche Freunde aufgedrängt haben: »Kannste nich ma schnell den Georg und die Uschi nach Hause bringen, liegt doch auf deinem Wege, ne!?«
- Besoffene Beifahrer, die uns den Opel vollkotzen.
- Besoffene Beifahrer, denen der Wagen gehört.

Mitfahrer abwimmeln

Aus Gründen allgemein üblicher Umgangsformen kann man einem freundlich bettelnden Bekannten nicht abschlagen, ihn oder sie mitzunehmen. Was man allerdings beeinflussen kann, ist die Neigung dieses Personenkreises, auch ein zweites Mal von uns im Opel chauffiert zu werden.

Die folgenden schönen Tricks setzen Opel-Fahrer seit mehreren Jahrzehnten erfolgreich ein:

– Beifahrersitz ausbauen.
– Beifahrersitz gleichmäßig mit Altöl oder Butter einsauen.
– Beifahrertür zuschweißen.
– Beifahrer-Sicherheitsgurt enfernen.
– Geschichte vom Beifahrer erzählen, der neulich in der Kurve durch die nicht zuverlässig schließende Beifahrertür aus dem Opel fiel.

Wann geben wir Vollgas

In der geschlossenen Garage (dann geht's schneller).
Beim Rückwärtsfahren.
Beim Anfahren und beim Anfahren (von Kindern und aus dem Stand).
Beim **Um**fahren und beim Um**fahren** (von Menschen und Menschen).
Beim Auffahren.

Unterwegs mit der Familie

An jeder Raststätte denkt der Opel-Fahrer, daß es gerade Raststätten sind, an denen der Deutsche traditionell alles mögliche aussetzt – angefangen bei überzähligen oder sonstwie lästigen Haustieren. Noch 1000, noch 500, noch 100 Meter. Er fährt

ab. Aber dann passiert es wieder nicht, weil er sich nicht ganz sicher ist: Am Ende erinnern sich Frau und Kinder doch an ihre Heimatadresse und seinen Namen.

Warum fahren Opel-Fahrer auf der linken Spur der Autobahn?

Nur dort können sie einen alten Jugendtraum wahrmachen: Überholen.

Warum fahren Opel-Fahrer so dicht auf?

Man weiß ja nie, ob die Augen des Vordermannes gut genug sind, um aus einer größeren Entfernung (z.B. vier Metern) den linken Blinker und die Lichthupe zweifelsfrei als solche zu erkennen.

Warum will der Opel-Fahrer unbedingt überholen?

Mehrere Ewigkeiten lang hat er sich hinter den BMW oder Daimler gehängt, ohne richtig dicht ran zu kommen. Erst auf der anderen Seite der Alpen, wenn es bei Eisregen, Nebel und Rückenwind fast senkrecht bergab geht, fahren die Vorderautos mit den angeblich großen Namen entnervt rechts rüber, – um den Opel vorbei zu lassen, bevor er tödlich wird.

Was tut ein Opel nach dem Überholen?

Er bleibt links. Den Rest der Strecke. Darum nämlich ging es ihm. Er senkt die Geschwindigkeit bis in den vernünftigen Bereich herunter. Hinter ihm bildet sich eine Schlange von Audis, BMWs, Mercedessen, Japanern und so weiter. Sie alle wollen unbedingt an ihm vorbei. Aber er läßt sie nicht. Noch so eine gute Tat: Der Opel-Fahrer verhindert selbstlos, daß andere lebensgefährlich herumrasen.
Trotzdem: Nur wenige sind ihm dankbar.

Sonntagsfahrer

Sonntags kann sich jeder Opel-Fahrer als Sonntagsfahrer fühlen. Aber den wirklich

Fortgeschrittenen gelingt dies fahrstilmäßig sogar dienstags, und zwar am liebsten im Montagsauto.

Stadtverkehr

Der Opel-Fahrer muß in die nächste Stadt fahren und dort für den Verkehr zahlen. In seinem Dorf nimmt ihn keine.

Im Stau

Dieses lästige Phänomen unseres Verkehrs entsteht durch die gleichzeitige Anwesenheit inkompetenter Fahrer auf unseren Straßen.

Das ließe sich ändern, z.B. durch eine Konzeption, die wir Opel-Fahrer seit langem exemplarisch vorleben: den Wegfall aller Verkehrsregeln.

Zwei Folgen zumindest wären sicher:

1. Viele trauen sich aus Angst nicht mehr auf die Straße und widmen sich stattdessen ihren vernachlässigten Familien.
2. Auf den Straßen überleben nur die Besten – das müssen nicht immer die Stärksten sein, oft sind es die Skrupellosesten, Unbarmherzigsten oder schlicht die Schnellsten. Der Erfolg unserer Gesellschaftsform geht nun mal auf die Leistungsauslese zurück.

Richtige Fahrweise

Man kann sie an den Bremslichtern erkennen. Wer seinen Opel korrekt einsetzt, zeichnet sich durch fast kontinuierlich leuchtende Bremslichter aus. Zwischendurch glimmen die Birnen für Sekundenbruchteile nicht. Das ist die Zeit, die ein Opel-Fahrer braucht, um die Geschwindigkeit zu erreichen, die ihn nun zum Bremsen zwingt.

Warum hochgesetzte Bremsleuchten?

Ein Opel-Fahrer fürchtet nicht einmal den Tod. Aber Invalidität möchte er sich doch ersparen. Dazu dienen zwei Ausstattungsbesonderheiten in seinem Wagen: die Boxen und die hochgesetzten Bremsleuchten. Wenn ihm nämlich ein Baum vors Auto läuft oder er mit hoher Geschwindigkeit gegen ein anderes Hindernis prallt, lösen sich diese Bauteile aus ihren fipsigen Verankerungen und fliegen wie Torpedos nach vorn. Auf diesem Weg machen sie Bekanntschaft mit dem Kopf des Opel-Fahrers und zerstören diesen vollständig. Dies gilt natürlich nicht für die vielen tausend Opel-Fahrer, die ohnehin kopflos fahren.

Die Lebensprobleme der Opel-Fahrer

Kann ein Opel-Fahrer überhaupt Probleme haben, wo er doch einen so schönen Wagen sein eigen nennt? Eigentlich nicht, aber er hat sie doch, damit man ihn künftig als Menschen akzeptiert. Nach ein paar

Jahren wurde es ihm lästig, überall als Übermensch behandelt zu werden.
Hier also seine Lebensprobleme:

Partnermangel

Glücklicherweise: Nicht benutzte Beifahrersitze erhöhen den Wiederverkaufswert des Opel.

Laufende Kosten

Wie der Name schon sagt: sie laufen einem weg.
Der Opel-Fahrer rennt ihnen hinterher. Damit der Wagen läuft und läuft und läuft.
Das nennt man: Finanzierung.

Liebstes Hobby: Treten

Alles Gute kommt von oben. Auch und gerade die Tritte, die der Chef verteilt – denn sie geben einen guten Grund ab, auch einmal selbst zu treten. Und was treten Opel-Fahrer am liebsten?

Die Katze der Intimpartnerin.

Das Fettnäpfchen.

Die Tretmiene.

Noch ein paar andere Gegenstände laden zum Treten geradezu ein:

Das Gaspedal

Immer feste druff!

Das Bremspedal

Etwas langweilig, wenn der Wagen parkt. Aber nach dem Treten des Gaspedals bietet sich das Treten des Bremspedals oft an. Je nach vorherigem Umgang mit dem Gaspedal ist es nicht immer möglich, ein zweites Mal mit dem Bremspedal Freude zu haben. Aber eines Tages wird der Gips ja abgenommen. Oder das Bein.

Das Kupplungspedal

Gern treten wir es bis zum Bodenblech durch, aber leider hätte die Kupplung

schon letzte Woche ausgewechselt werden müssen.
Hinzu kommt eine andere Quelle der Enttäuschung: Gerade in Automatikwagen tritt man immer wieder ins Leere, wo eigentlich das Kupplungspedal sein sollte. Schade.

Der Wagen

Sorgfältig unterscheidet die Forschung zwei Kategorien:

a) den eigenen Wagen – weil er nicht anspringen oder weiterfahren wollte.
b) den fremden Wagen – aus persönlichen Gründen. Außerdem nimmt der Opel-Fahrer seine verkehrserzieherischen Pflichten sehr ernst.

Das Wasser

Wenn vom vielen Vollgasgeben und Vollbremsen Krampfadern entstanden sind und nach Kneippscher Methode geheilt werden sollen.

Tieferlegen

Wirklich vorbildlich tiefergelegte Opel fahren grundsätzlich im Konvoi: Vorweg der Kollege mit dem ältesten Opel, und nach ihm dann die tiefergelegten, deren Bodenbleche sanft auf dessen Ölspur dahingleiten. Alle sind glücklich: Die Straße, weil sie nicht abgeschliffen wird und gleichzeitig durch den Sonnenschutzfaktor des Altöles vor den Folgen des Ozonlochs geschützt wird, und die Opel-Fahrer mit ihren tiefergelegten Babys, die sich nicht so schnell verbrauchen. Nun werden Sie fragen: Ist es nicht bitter, wenn man trotz eines so schönen Opels auf eine Spur sprühender Funken verzichten muß? Und der Opel-Fahrer antwortet: »Im Kofferraum sitzt sowieso ein guter Bekannter von mir und macht meinen Wagen mit dem Schweißbrenner TÜV-fertig.«

Bordcomputer

Die originellsten Vergleiche, die Spöttern in diesem Zusammenhang einfallen, sind »Weihnachtsbaum« und »Disco«.
Dazu kommentieren wir: Quatsch!
Erstens gibt es keinen einzigen Opel, der nadelt, und zweitens gibt es keine Disco,

in der man sein eigenes Wort so schlecht versteht wie in einem Opel – wegen Stereo oder Radlager.

Frauen-Opels

Frauen behandeln Schrammen und andere Problemstellen der Karosserie genauso wie Lackschäden an ihren Fingernägeln. Mit der Anschaffung des Opels steigt ihr Verbrauch an Wattebäuschen, Nagellackentferner und vor allem Nagellackfläschchen sprunghaft an.

Der Frauen Stolz

Man hebt sich doch deutlich von den typischen und peinlichen Tussen ab, wenn man einen Opel fährt, nicht aber einen langweiligen Frauenwagen aus italienischer, japanischer oder französischer Fertigung. Und einen verschnarchten Golf stellen sich doch nur die Frauen hin, die um keinen Fall der Welt eine eigene Meinung riskieren wollen. Solche Autos werden von Männern ausgesucht. Ein Opel hingegen – das ist doch gleich ganz was anderes. Und wenn man den Wagen schön pflegt und vernünftig fährt, dann ist er in spätestens zweihundert Jahren ein gesuchtes Sammlerinnenstück.

Gesundheitsrisiko durch Aufkleber

Warum schaben Opel-Fahrer den Aufkleber »Ich bremse auch für Tiere« von ihren Autos ab? Wo sie doch sonst alles aufkleben, was eine klebrigere Seite hat als der Handteller des Opel-Fahrers beim Händeschütteln!

Sind Opel-Fahrer etwa nicht tierlieb? Doch, doch – sonst könnten sie ihre Opel-Kollegen ja wohl kaum ertragen, oder? Der wahre Grund: Sie wollen ihre Frau oder Freundin nicht beleidigen. Jedenfalls nicht, wenn sie dabei ist. Na gut, das ist nicht der wahrste Grund; der lautet nämlich: Sie wollen sich nicht ständig von ihren Partnerinnen verprügeln lassen. Wenn der Opel-Fahrer mal wieder mit

angemessener Mindestgeschwindigkeit Deutschlands Straßennetz sicher macht – er sorgt dafür, daß andere Menschen aus Angst vor ihm auf die Verkehrsteilnahme verzichten –, während er also vernünftig fährt, wird die Braut auf dem Beifahrersitz abwechselnd kreidebleich und puterinnenrot und brüllt ihn an: »Ras nicht so, du Arschloch!«
Natürlich weiß sie ganz genau, daß ein Opel-Fahrer niemals seine Geschwindigkeit mindert. Wenn er dann doch galant abbremst, erinnert sie sich an seinen Aufkleber. »Ich bin also ein Tier!?« Und schon schlägt sie auf ihn ein.

Ich bremse auch für Kinder

Das sind die Päderasten, die sich den Opel mit Kindern vollstopfen und ihnen vorführen, wie prima der Opel bremsen kann. Natürlich haben sie edle Motive – vor allem auf den Fotos, die sie nach einer solchen Spritztour gern von sich und der begeisterten Kinderschar unter der Dusche anfertigen.

Verkehrskindergarten

Wenn Kinder in Gärten und unter polizeilicher Aufsicht mit Kindern Verkehr haben, ist das eigentlich auch verboten?

Was sagen die Eltern zu unserem Opel?

Die Eltern eines Opel-Fahrers können sich nicht so gut ausdrücken. Daher sagen sie nichts.

Verleihen

Nie.

Nur – es sei denn, wenn vielleicht und – nein, doch, wir bleiben dabei und hart: nie!

Die schönsten Tage im Leben eines Opel-Fahrers

Die teuerste aller Katastrophen im Leben des Opel-Fahrers verläuft so: Telefonat, Taxi zur Tankstelle, Kanister kaufen, fünf Liter Sprit, Taxi zum Wagen und innerhalb der nächsten zwei Wochen sechs Doppelstunden Nachsorge beim Psychotherapeuten (die Kasse zahlt nicht!).

Treusorgende Mütter und Ehefrauen schenken daher zu allen Festen einen vollen Ersatzkanister. An Weihnachten kommt es dann immer wieder zur Auflockerung der lahmen Feier, wenn nämlich das Präsent unter dem Tannenbaum persönliche Bekanntschaft mit der romantischen Wunder- oder Normalkerze schließt.

Was schenkt man einer Opel-Fahrerin?

Sein Herz oder Geld z.B., aber auf keinen Fall einen Ersatzkanister. Sie spricht kein Wort mehr mit Menschen, von denen sie sich als unterbelichtetes Weibchen behandelt fühlt.

Wiederverkaufswert

Am höchsten ist der Wiederverkaufswert, bevor man den Opel verkauft.

Pferdestärken

Angeblich hat jeder Opel mehr als Pferdestärken. Aber die meisten Opel-Fahrer können noch nicht mal zehn davon aufzählen. Bei den Pferdeschwächen seines Wagens kommt er eher ins Fabulieren. Kurz: Das durchschnittliche Pferd hat mehr Stärken als der durchschnittliche Opel oder sein Besitzer. Aber immerhin saufen beide wie die Pferde.

Lieblingsparkplatz

Täglich kauft er außer der Bildzeitung noch bei einem Doppelagenten den genauen Dienstplan der örtlichen Polizeibehörde. Wann wird wo kontrolliert?
Er weiß es aus allerersten Hand, und eine Reihe schlauer Autofahrer fährt den ganzen Tag hinter ihm her, um auch im Halteverbot zu parken, ohne erwischt zu werden.

Und nochmal: Lieblingsparkplatz

Oben. Da fühlt sich der Opel-Fahrer traditionell am wohlsten. Wo unter ihm viel ist, kann er sicher sein, daß sein Wagen anspringt, bevor er unten angekommen ist.

Was könnte das Geräusch sein?

Dabei war er sich ganz sicher, saubere Arbeit geleistet zu haben.

Was liegt im Kofferraum?

Selbstverständlich Leichen. Und das – Opel-Fahrer neigen zur Unordnung – schon seit Wochen. Warum es trotzdem kaum stinkt? Weil der Opel-Fahrer im Kofferraum einen ganzen Wald von Wunderbäumen angepflanzt hat – ja, wir reden von diesen Duftspendern, die so aussehen wie Laubsägearbeiten.

Was steht in der Garage?

Die vollständige Wohnzimmereinrichtung, seit der Opel-Fahrer seinen Wagen im Wohnzimmer repariert.

Der Opel als Dienstwagen

Bei allen bekannten Verbrechen setzt der Opel-Fahrer seinen Wagen zur Flucht ein und fährt wie immer. Nur mit einem

Unterschied: Niemand sitzt neben ihm, der sagt: »Mußt du eigentlich so rasen!?«

Die Handschrift des Opel-Fahrers

Die wenigen Zeilen, die ein Opel-Fahrer selbst schreiben muß, weil sie einfach zu intim sind, setzt er schwerfällig Buchstabe für Buchstabe zusammen – jeden aus einer anderen Zeitung ausgeschnitten. Nicht einmal den Empfang des Lösegeldes quittiert er von Hand.

Nicht nur im Straßenverkehr hat der Opel-Fahrer einen unvorstellbaren Überblick. Auch der Herausforderung des sprichwörtlichen weißen Blattes stellt er sich mutig und schreibt, weil er weiß, was er zu sagen hat, zügig seine mehrseitigen Traktate auf folgende Weise: zuerst die Es, dann die Bes, als nächstes werden alle Emms eingetragen, und so geht es weiter, bis er mit den Umlauten endet.

Alpträume

Aufwachen. Kommt in dieser schrecklichen Form (also mit nachfolgendem richtigen Wachsein) in Leben eines Opel-Fahrers glücklicherweise praktisch nie vor.

Einkommensgruppen der Opel-Fahrer

721 – 1200 DM – das Einkommen, das zum Abmelden zuviel, aber zum Halten

zuwenig ist. Daher heraufgesetzt auf folgende Stufen:

1201 – 1900 DM – typisches Einkommen für Opel-Fahrer.

1901 – 2600 DM – typisches Einkommen für Opel-Fahrer.

2601 – 3800 DM – typisches Einkommen für Opel-Fahrer.

3801 – 6014 DM – untypisches Einkommen für Opel-Fahrer.

6015 – 10000 DM – ab diesem Einkommen überlegt der Opel-Fahrer, ob er seinen Wagen gelegentlich zur Reparatur geben soll, anstatt sich selbst drunter zu legen.

10001 – 22000 DM – Lieblingsbeschäftigung beim Fahren: Nachdenken. Lieblingsthema: Soll ich kündigen, weil man mich ausbeutet?

Anständige Einkommen – kommen in Kreisen der Opel-Fahrer nicht vor.
Unanständige Einkommen – kommen in Kreisen der Opel-Fahrer nicht vor.

Plattmachen

So wurde aus einem Auto ein Manta. Man spricht von Verflachung.

Der Name des Rochen

Manta wurde das windschlüpfrige Fahrzeug getauft, nachdem folgende Vorschläge diskutiert und überstimmt worden waren:

Opel Scholle
Opel Flunder
Opel Flachmann

Fuchsschwänze

In der freien Natur sind Füchse inzwischen so selten geworden, daß nur wenige Opel-Fahrer das Glück haben, ab und zu einen zu überfahren und so zu ihrem geliebten Antennenschmuck zu kommen. Es läge also nahe, Füchse in derselben Art zu züchten wie andere Pelztiere und den

Markt mit industriell erzeugten Fuchsschwänzen zu überschwemmen. Doch unter keinen Umständen würde sich ein echter Opel-Fahrer so ein Produkt zulegen! Sein Stolz verlangt es, daß er den Fuchs selbst zur Strecke bringt. Und das geschieht sonntags, weil dann das Parkhaus leer ist. Auf einen Schlag werden sämtliche der 14.000 mitgebrachten Füchse freigelassen. Ein Opel-Fahrer bläst mit seiner vielhörnigen Hupe zur Hatz, und nun fahren bis zu zwanzig seiner Gesinnungsgenossen mit ihren Opeln im Freistil durch sämtliche Etagen des Parkhauses – und zwar volles Rohr! Es sind so viele Füchse im Betonambiente des Parkhauses unterwegs, daß der gewinnt, der am wenigsten der kleinen Racker plattwalzt.

Astra

In anderen Ländern ist dies der Handelsname einer Margarine.

Traumberuf Hausmeister

Ständig saufen, nie arbeiten. Trotzdem darf man jederzeit Polizist spielen und auf Recht, Sauberkeit, Ruhe, Trinkgeld etc. im Haus dringen.

Traumberuf Diktator

Während sie alle über ihn und seinen Opel gelächelt, ihn ausgelacht und mit Anspielungen gequält hatten, legte er sich mit der für ihn typischen Ordnungsliebe eine schwarze Liste an. Kaum ist die Pro-

VIVE L'OPEL

bezeit in seinem Beruf verstrichen, holt er das dicke Buch aus der Schublade und läßt, Namen für Namen, Zeile für Zeile, vor allem aber alphabetisch seine Todesschwadrone zur Säuberung ausschwärmen. Kaum titeln die Zeitungen mit allen abstoßenden Details, bilden sich lange Schlangen vor den Standesämtern. Sein gesamter – ehemaliger! – Bekanntenkreis beantragt Namensänderungen. Beliebt sind z.B. Zwingli, Zumbert und Zyschinski.

Batterieprobleme

Der Opel-Fahrer bastelt bekanntlich gern. Doch nicht immer gelingen seine Operationen. Neulich z.B., als er einen Batterieaustausch vorgenommen hat, gab es einiges Malheur: Der Wagen sprang nicht mehr an und die Tschibo-Digitaluhr an seinem Handgelenk war plötzlich wesentlich schwerer als vorher.

Spezialwerkzeug

Jedes Werkzeug, daß man bis maximal einmal im Leben gebrauchen könnte, aber unbedingt kaufen muß, weil es gerade reduziert im Angebot ist.

Der unglaubliche Verbrauch

Kaum zu glauben – und tatsächlich nicht wahr. Der Opel-Fahrer testet nun mal für sein Leben gern die Naivität seiner Kumpels.

Das nächste Auto

Sobald es einen entsprechenden Spoiler-Bausatz gibt, legt sich der Opel-Fahrer eine Dampfwalze zu. Bei diesem Fahrzeug entfallen alle Parkplatzprobleme. Man kann immer über den anderen Autos parken. Sollen sie doch frohsein, daß man sie – völlig kostenlos, allerdings nicht ganz unverbindlich – tiefergelegt hat.

Einfach gestrickt

Zwei rechts, zwei links – so überholt der Opel-Fahrer, wenn sich der zähflüssige Verkehr mehrspurig durch die Gegend schiebt.

Reifen und Profil

Ein exzellenter Opel-Fahrer hat Profil – allerdings nicht auf den Reifen, denn deren Profil hält nicht lange, wenn ein Opel-Fahrer sich vorgenommen hat: Heute profiliere ich mich mal profimäßig.

Drehmoment

Der Moment, wo sich alles zu drehen anfängt. Nicht identisch mit dem Moment, wo der Opel-Fahrer genug hat. Ganz im Gegenteil. Der Drehmomentschlüssel ist also Alkohol – der Schlüssel zum Drehmoment.

Gesundheit

Alle unterhalten sich über Allergien oder Grippe – nur der Opel-Fahrer nicht. Er ist ein Außenseiter, weil er ständig gesund ist. Da er nicht als Langweiler gelten möchte, versucht er, sich irgendwo was einzufangen. Wo? Natürlich beim Verkehr. Wenn nämlich seine Lippen ihre Nase umschließen, springen bestimmt ein paar Bakterien über. Jetzt verstehen Sie seinen Fahrstil: Er sucht nach einer Gelegenheit, erste Hilfe leisten, also von Mund zu Mund beatmen zu müssen.

Kissen auf der Hutablage

Wie sensibel der Opel-Fahrer sein kann, erkennt der Fachmann an den schönen Kissen auf der Hutablage. Der Opel-Fahrer ist ein Steher, und daher tut er sich mit dem Sitzen nicht leicht. Außerdem macht es ihn rasend, wenn man das Wort »sitzenbleiben« erwähnt.

Seit Generationen fragen Kinder ihre Eltern, warum diesen Kissen das Kennzeichen des Opels aufgestickt ist? Zum Schmuck? Oder etwa zur Dekoration? Nein, ganz falsch. Der Grund heißt Streitvermeidung. Wenn nämlich an die vierzig betrunkene Opel-Fahrer abgekämpft und beim symbolischen Spielstand von 0 : 0 ihre Lieblingsbeschäftigung einstellen und nach der Kissenschlacht jeder sein eigenes

Kissen aus dem Kissenberg heraussuchen will, soll es keinen Anlaß zu Mißverständnissen geben. Und wenn dann doch mal einer behaupten sollte: »Das ist aber mein Kissen!«, dann geht man einfach zu seinem eigenen Auto, schraubt die Nummernschilder ab und zeigt sie zum Beweis vor.

Fotos am Armaturenbrett

Kaum ist der Opel-Fahrer nach der Arbeit in seine Wohnung gekommen, bittet er alle dort anwesenden Personen mit Waffengewalt in seinen Wagen. Dort vergleicht er deren Aussehen mit den Fotos, die er sich ans Armaturenbrett geklebt hat. Nach der Viertelstunde, die diese tägliche Zitterpartie dauert, gibt es nur zwei Möglichkeiten: Entweder küßt und herzt der Opel-Fahrer seine Familie – das wäre dann Liebe und allgemeine Wiedersehensfreude –, oder er schießt sie über den Haufen – das wäre eine Verwechslung.

Typenschild abmontieren?

Aber selbstverständlich! – und bei der für Opel-Fahrer typischen Fingerfertigkeit ist das sogar tagsüber kein Problem. Ruckzuck – und schon haben wir außer dem Kühlerstern noch ein schickes 560 SEL, das wir uns sofort auf den Askona montieren. Sollen die Nachbarn sich ruhig die Mäuler zerreißen, wenn sie darüber nachdenken, wie sich unsereiner einen so irre teuren Wagen leisten kann. Und noch dazu über nacht!

Lotto

Im Grunde seines Herzens ist der Opel-Fahrer ehrlich. Daher spielt er Lotto. Er hat das Schwarzfahren satt und hat schon öfters gehört, daß man Führerscheine in der Lotterie gewinnen kann. Ja, und viele Verkehrsteilnehmer haben ihm in dieser Hinsicht schon nachgerühmt, daß er wohl ein besonderer Glückpilz sein müsse – seiner Fahrweise nach zu schließen.

Das Junggesellenleben der Opel-Fahrer

Lustig ist das Zigeunerleben, aber das Leben des Opel-Fahrers steht dem kaum nach (außer vielleicht schnitzelmäßig), denn irgendwie gelingt es ihm, auch nach der Heirat noch Junggeselle zu bleiben.

Im übrigen muß er den Ring am Ringfinger seiner rechten Hand tragen, weil der Motor sich so anhört, daß man nicht genau weiß, wann man mit ihm den nächsten Kolbenring austauschen muß.

Fortschrittliche Konzepte

Während andere Hersteller auf jeder Frankfurter IAA nur vom Öko-Auto sprechen, ist es für den Opel-Fahrer längst greifbare Wirklichkeit: Er fährt seit langem mit Alkohol, und zwar nie unter 2,2 Promille.

Warum begeht der Opel-Fahrer niemals ein Verbrechen?

Wie man am Fahrstil unschwer erkennen kann, mangelt es nicht an der nötigen Brutalität für jede Art von Kapitalverbrechen – aber es mangelt chronisch an Kapital.

Erstaunlich, daß der Opel-Fahrer kein Profi-Krimineller ist, obwohl sich sein Wagen doch ganz hervorragend als Fluchtwagen eignet: Schön unauffällig und sehr schnell – jedenfalls auf Strecken mit mehr als 60 % Gefälle. Man müßte halt eine Bank ausbaldowern, die in der Nähe eines Berggipfels auf Kundschaft wartet.

Der Opel-Fahrer tut es nicht, und zwar aus einem einfachen Grund: Man würde ihn sofort identifizieren, und zwar anhand der

Fingerabdrücke, die er auf dem Kaufvertag hinterlassen hat – statt der ihn überfordernden Unterschrift.

Opel-Fahrer und die Religion

Seit Jahren klagt die Kirche über eine Austrittswelle. Davon haben Opel-Fahrer gehört. Deshalb stehen sie Tag und Nacht vor dem Eingang der nächstliegenden Kirche Wache und warten nur auf den Zeitpunkt, an dem sie ihren Opel-Kameraden über CB-Funk zurufen können: »Es geht los! Macht die Surfbretter klar.« Eine richtige Welle will man sich keinesfalls entgehen lassen.

Noch etwas: Der Opel-Fahrer stiftet jeden Sonntag eine Zündkerze und betet immer vor den für ihn typischen Überholmanövern. Damit erleichtert er sein Gewissen.

Braucht der Manta-Fahrer die Kirche?

Eigentlich möchte man meinen: Wer einen Opel besitzt, ist wunschlos glücklich, und die Dienstleistungspalette der Kirche können höchstens die Hinterbliebenen brauchen – wenn sie schwer am Verlust des schönes Wagens zu tragen haben. Dennoch zählt der noch lebendige Opel-Fahrer zu den allereifrigsten Kirchenbesuchern. Warum? Der Manta ist zwar flach wie eine Hostie, aber er schmeckt nicht so gut. Und irgendwas muß der Mensch ja essen.

Papst dankt Opel-Fahrern

Abgefallene Schäfchen und bekennende Atheisten rutschen schlotternd und auf Knien zurück in den Schoß der Kirche. Reisetaschen und Rucksäcke ziehen sie hinter sich her. Erfahrene Priester wissen: Hier handelt es sich um Anhalter, die von einem Opel-Fahrer mitgenommen wurden. Sowas bekehrt.

Der Opel-Fahrer ist ein toller Hecht

Ja, das gibt er zu. Erstaunlich, wie wenig passiert, obwohl Fische bekanntlich nicht viel sehen können. Auch das Schalten und das Lenken fällt einem nicht gerade leicht, wenn man aalglatt ist und nur mit den für

Genossen üblichen Flossen ausgestattet ist. Andererseits sieht man die besondere Begabung des Opel-Fahrers: der einzige Fisch, der den Führerschein abgeben muß. Das heißt aber doch: Erstens er hat ihn geschafft, und zweitens muß es ein bißchen feucht sein, wenn Fröhlichkeit entstehen soll. Dafür fühlt sich der Opel-Fahrer bei Aquaplaning und im Platzregen besonders wohl. In seinem Element gibt man eben am allerliebsten Gas.

Saufen

Wenn es um den selbstlosen Einsatz für unsere Gesellschaft geht, sind die Opel-Fahrer traditionell ganz vorne mit dabei. Beispiel: Aus Gründen des Jugendschutzes vernichtet der wackere Opel-Fahrer so viele Spirituosen, wie in seiner Macht steht und die anderen Kumpels ausgeben.

Opel-Clubs

Jeden Freitag treffen sie sich und unterhalten sich über die interessantesten Opel-Erlebnisse der letzten Tage. Wer wen wie überholt hat (denn warum ist ja schon vorher klar); Höchstgeschwindigkeiten mit und ohne Rückenwind; die schönsten Unfälle im Bekanntenkreis. Stolz führt man seine neuesten Trophäen vor, vorausgesetzt, sie sind schon fachkundig ausgestopft. Gerade die so beliebten Großmütter und Kleinkinder stellen den Präparator vor

DIE NEUEN OPELER KOMMEN!

große kunsthandwerkliche Probleme. Gerdchen hatte neulich die Idee, künftig alles, was er auf seinen engagierten Fahrten erlegt, effektvoll von innen beleuchten zu lassen.

Die Jugend im Opel

Selbstüberschätzung, Mutproben, falsche Leitbilder. So beginnt der Teufelskreis, und so endet er auch. Meistens nicht zu früh.

Der Opel-Fahrer und die Pünktlichkeit

Im Alter wird der Opel-Fahrer vernünftiger. Dann reicht es ihm, morgens drei oder vier Stunden vor dem ersten Termin aufzustehen. Beim Sommer- und auch beim Winterschlußverkauf macht er die besten Schnäppchen. Im übrigen gefällt es ihm, von den ebenfalls vor Karstadt wartenden nachrückenden Massen gegen die Eingangstür gepreßt zu werden. Da fühlt er sich so beengt wie sonst nur im Mutterleib und in seinem Opel.

Opel-Fahren ist Bestimmung

...und wir Menschen müssen bekanntlich für alles büßen, was wir in unseren letzten Leben versaubeutelt haben.

OPEL-AS !!

JAVAANSE JONGENS